Vivir distinto

Enrique Arias Beaskoetxea

Aliarediciones

Corrección: Inés González Calo
Diseño de cubierta: Jaime Galisteo
Maquetación: Aliar Ediciones

Depósito Legal: GR 1272-2024
ISBN: 978-84-10374-61-4

Impreso en España

Edita
ALIAR Ediciones
www.aliarediciones.es
info@aliarediciones.es

Vivir distinto

Enrique Arias Beaskoetxea

Vivir distinto no es vivir en lugares distintos
sino crear en la mente un mapa
crear en la mente un desierto
una montaña aislada o un sanatorio más acogedor.

Stephen Spender

Poema nº 1

En la tarde tibia
la gente pasea rutinaria
su apatía semanal.
Me quedo en casa
apegado al miedo.

Poema nº 2

Conservo algunos restos
de múltiples naufragios:
una pieza de seda,
una perla magullada,
un amuleto estéril
y este enorme vacío vital.

Poema nº 3

Trae el viento del oeste
olas de encaje efímero
a morir contra la piedra.
En la oscuridad crepita
un clamor ignorado.

Poema nº 4

Un sonido ronco araña
las tejas de la casa,
proviene de un mar
próximo e inquieto.
En la escalera un gato
clama su hambrienta desazón.

Poema nº 5

Ese sabor a metal
que atormenta la boca
y te hiere el abdomen
es la ocasión perdida,
el fracaso venidero
que inevitablemente te alcanzará.

Poema nº 6

Harto de la violencia
de las palabras lanzadas
con arco de vulgaridad,
cierro puertas y ventanas
para buscar alivio
en la tregua nocturna.

Poema nº 7

Unos libros alineados,
unas tazas simétricas,
unas velas equidistantes,
un ritual contra el caos
del mundo, un pasaje
de la oscuridad a la claridad.

Poema nº 8

Bajo una rugosa capa
de escarcha impasible
esconderé mi malestar,
hibernaré en silencio
hasta una nueva aurora.

Poema nº 9

Del corazón del árbol
del olvido crecen
concavidades
para el amor perdido.

Poema nº 10

Rompe una lámpara,
golpea una ventana,
quiebra un vaso azul,
que la arena sea roja
hasta la próxima marea.

Poema nº 11

El río fluye continuo
y lento hacia la mar,
en paralelo la fila
de autos permanece detenida
por trampas del progreso.

Poema nº 12

Dolor en las articulaciones,
desatención en la mente
desgarro en el alma,
la vida era esto:
un gradual descenso
hacia la disgregación.

Poema nº 13

Cada noche un gato
maúlla bajo mi cama
por hambre o por sed,
por soledad o por frío:
dos insomnios recurrentes.

Poema nº 14

No duele la pérdida,
sino el eco de los besos
agonizantes en el aire
del bosque del abandono.

Poema nº 15

Las negativas arañan
la muralla de la fe,
el camino al fracaso
se hunde inerte en la mar.

Poema nº 16

Las palabras pronunciadas
al otro lado del cristal
forman parte del caos
marchito y sin futuro.

Poema nº 17

El trueno agita el cristal,
lo oscuro invade el cielo,
los latidos se ralentizan,
el aliento se alarga
en el temblor invernal.

Poema nº 18

Añadiré un tatuaje
hecho de *henna* rojiza
con la palabra silencio
sobre mis labios resecos.

Poema nº 19

La bruma reposa sobre la mar,
humedece mis gafas,
paseante en su mundo
que busca consuelo
al dolor de corazón.

Poema nº 20

Hago recuento matinal:
articulaciones agarrotadas,
un punzón en las vértebras,
manos incapaces de sostener
una taza de café.
Maldigo a todos los dioses.

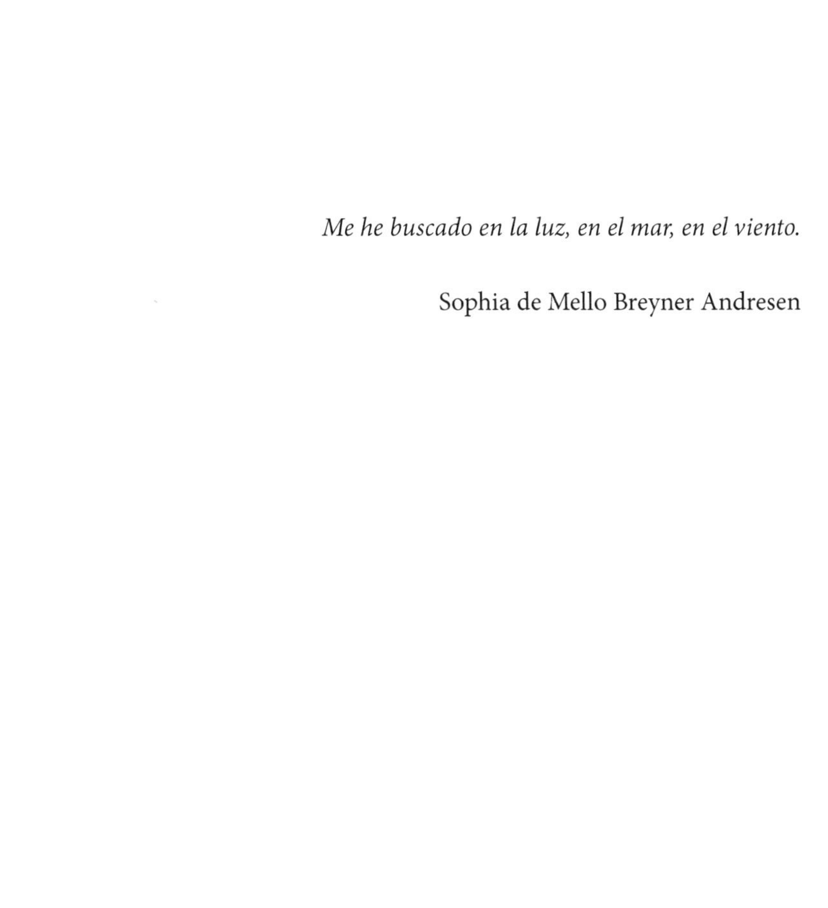

Me he buscado en la luz, en el mar, en el viento.

Sophia de Mello Breyner Andresen

Poema nº 21

Lágrimas de abandono
recorren mi figura
en este invierno sin fin
hasta empapar la tierra
de delirio y ensueño.

Poema nº 22

Para el cautivo mudo,
la distancia extendida
más allá de sus muros
es espacio miope,
brumoso, extranjero.

Poema nº 23

El peso de la pluma
dobla la mano extendida,
se instala la mala letra
en la página blanca;
el aliento vital, íntimo
se derrama en el cuenco
de los pétalos marchitos.

Poema nº 24

Inmóvil en la oscuridad
espero que el tiempo cese,
que el espacio colapse
en el perfecto vacío.
Al día siguiente el mundo
sigue ahí, sordomudo.

Poema nº 25

Abandoné el camino
pisoteado, marcado,
para buscar el propio
llegando al aislado,
sea casualidad o suerte
ya no hay posible retorno.

Poema nº 26

Miro atrás y solo veo
el cuerpo desgastado,
la mente resquebrajada,
un alma sin brújula;
se disipa el escaso ánimo.

Poema nº 27

La ilusión es semilla
que crece, inclinada,
torcida, pronosticando
la derrota venidera.
Asoma la decepción.

Poema nº 28

No debería la vida
volver la mirada atrás,
si no hay aspecto amable
que observar, el fracaso
observa con desprecio.

Poema nº 29

La pasión se condensa
en los muros de la casa
lejana y deshabitada;
mientras la comprensión
no llora, impasible.

Poema nº 30

Unos pasos en el bosque,
los sonidos de la huida
hacia un espacio tenue
que se despliega cayendo
hacia el mar y la luz.

Poema nº 31

Dos dedos presionan la nuca,
el vértigo baila en la cabeza,
aún no ha comenzado el día
y ya se ha instalado el temor
premonitorio de un mal mayor.

Poema nº 32

Alejo a la gente,
cierro las contraventanas,
en silencio, a oscuras
entro en la cama fría,
preparado para la errancia
del ensueño nocturno.

Poema nº 33

Detesto el mundo que habito,
él, a su vez, me desprecia.
Cambio la cerradura de la casa,
el número de móvil,
la matrícula del coche.
Huyo para que nadie me encuentre.

Poema nº 34

La vida era esto:
un pesaroso transcurso
de días sin propósito
y de noches con insomnio.
El pábilo de una vela
a punto de consumirse.

Poema nº 35

El viento llega rozando
las olas y los arenales
hasta el matorral costero
que le impone una tardanza
en la captura de la luz.

Poema nº 36

La antigua roca soporta
los impactos de la mar
constante y rítmica
mientras se desgasta
sin derrumbarse ni ceder
poder al ciclo lunar.

Poema nº 37

El milenario acantilado
sobrepasado por la espuma
en cada pleamar,
muestra en bajamar
media pared cubierta
por musgo o líquenes
verdes, húmedos, vivos.

Poema nº 38

Llaman a tu puerta,
socorro dicen las voces
entre toses y dudas,
se tirarán al vacío
si no te apresuras.
Lo haces, se salvan
y preguntan por qué.

Poema nº 39

Hasta que no caiga
una onza de luz
entre mis manos,
el viento del noroeste
golpeará mi cuerpo
inerme y abandonado.

Poema nº 40

La cabeza reposada zozobra
antes de abrir los ojos,
golpeada por vientos
opuestos en la noche
insonora, opaca,
marcando acaso un temor
semejante a un naufragio.

Hermosa era aquella llama, breve
como todo lo hermoso: luz y ocaso.

Luis Cernuda

Poema nº 41

En aquel ensueño de la química
aparecen gacelas africanas,
insectos inmóviles,
planicies de hielo blanco.
La mente se segrega
en un punto artificial.

Poema nº 42

Las plantas se mimetizan
con mi estado de ánimo.
La orquídea tiene una única
flor que pierde sus pétalos.
El lirio languidece
con sus tallos inclinados.
La flor de nombre latino
tiene una última hoja
de color enfermizo.

Poema nº 43

El desaliento anega
las capas de la mente,
una bruma generosa remacha
el destino a un punto fijo,
en silencio, en quietud.
Retenido el suspiro,
no llega luz por la grieta.

Poema nº 44

Escribir para ser,
escribir después de meditar,
escribir para suspirar,
escribir para evocar el pasado,
escribir para detener el futuro,
escribir para percibir,
escribir para «reparar la herida
fundamental, la desgarradura».

Poema nº 45

El miedo anticipa
el suceso venidero
desconocido, sin control,
y ya tiembla el ánimo
en el centro del sujeto.
Temor a lo no acontecido.

Poema nº 46

Pasado el día del temblor,
el cuerpo se desvanece
en cansancio y dolor.
La mente se desborda
por el temor anticipatorio.
Llega la hora del insomnio.

Poema nº 47

El punzón en el abdomen
conserva sus huellas
sudorosas, airadas,
sus uñas rotas, blancas,
desdeñosas, vulgares.
No habrá estilo en el abandono.

Poema nº 48

Prefiere una tromba
de agua, barro y piedra
para cometer el acto
criminal del abandono.
El alma devastada por la pena.

Poema nº 49

Deseas que mi voz no roce
tu inflexible persona;
clavas un haz de flechas
en mi garganta, esperas
que se desangre en el alba.
Mi silencio será tuyo.

Poema nº 50

La mariposa y el huracán,
la frase y el abandono,
causa y efecto, encadenados.
Mueren mariposa y frase.
Tras la sombra del tornado
solo queda destrucción.

Poema nº 51

El mar de fondo agita
diálogos reconstruidos
en la mente nocturna,
un *puzzle* con piezas
sobrantes y desparejadas.
Bajo las palabras crece
la enigmática inquietud.

Poema nº 52

Una nevada de pétalos
de orquídea, una tormenta
de relámpagos hirientes,
una corriente submarina
de algas, arena y sombra.
Retazos de otro mundo.

Poema nº 53

Catorce montañas no holladas,
cinco océanos con nombre
siete mares por navegar,
cuatro puntos cardinales,
dos hemisferios inversos,
una rosa de los vientos,
la línea del horizonte,
Y no tener adónde ir.

Poema nº 54

La noche calurosa
atravesada por voces
altas, inconexas, ebrias
de los rezagados, rotos,
sin destino ni finalidad.
Desear un diluvio.

Poema nº 55

En noche de pesadilla
no se distingue el hilo
blanco del negro,
se entra en la desolación
sin refugio ni destino.
Un gesto entrelaza los hilos.

Poema nº 56

Retraso deliberado
de la hora de retirada,
rozar la puerta cerrada,
apagar todas las luces
y entrar en la soledad.
Un cuerpo sumergido
entre las frías sábanas.

Poema nº 57

La luz única de la linterna
ilumina sinuosidades
que llevan a la línea
del abismo, un ulular
al acecho del término
de quien se ha rendido.
Y no llegar a destiempo.

Poema nº 58

De nuevo, el otoño calma
la luz hiriente, el aire
inflamado, la gente
rotando sobre sí misma.
De nuevo, paz y silencio.

Poema nº 59

Una mano generosa
deposita en mi alfeizar
tres limones y tomates
minúsculos, luminosos.
Retomar la fe en lo humano.

Poema nº 60

Un aura de vigilancia
sobrevuela mi burbuja
submarina, defensora
del temor, el frío y la furia.
Movimiento de uno al otro.

Nuestros refugios frente al mundo:
libros, el mar y la soledad.

Virginia Woolf

Poema nº 61

Quizás los besos no dados
sean aves aturdidas,
perdido el norte, el rumbo
al tibio reposo otoñal.
Nada detrás de las nubes.

Poema nº 62

Un verso no disponible
en el momento, quedará
a la espera de un golpe
de intuición, un susurro.
Entonces se escribirá el poema.

Poema nº 63

Las cosas no permanecen,
la gente se distancia,
la mirada ya es bruma,
el corazón somnoliento,
los huesos se deterioran.
Apenas, polvo de estrellas.

Poema nº 64

La naturaleza alcanza
los límites de la casa,
escala muros de piedra,
la maleza roba la luz
de las plantas de interior.
Tras una poda, cadencia de chelo.

Poema nº 65

Todo el polvo de la casa
se posa sobre los libros,
el tiempo desluce las hojas,
la humedad ensucia
con olor de caducidad.
Enésima síntesis de una vida
en busca de la hora de relectura.

Poema nº 66

Tras el visillo de lluvia,
bajo la montaña frágil,
dentro de la mar revuelta
yace una quietud latente,
un anhelo suspendido.
Quizás el momento decisivo.

Poema nº 67

Impostura repetida
de quienes ganan honor
y dinero —endogamia
sin disimulo— por la Flor
Natural ya macilenta.
Deplorable esperpento.

Poema nº 68

Una pieza de tejido
pálido recoge la miel
derramada de los labios
que se escinden palpitantes.
Moja el candor anhelante.

Poema nº 69

Estas manos envejecidas
fueron seguridad para la niña,
caricia para la amada,
cuenco de pétalos marchitos,
consuelo para el dolor.

Poema nº 70

Ni siquiera un corazón
roto, solo un órgano
sin fuerza para el amor,
sin coraje para luchar,
poco menos que un latido, un eco,
un pulso lejano, tenue.

Poema nº 71

La gota de serenidad
necesaria para cruzar
las aguas del despertar
se basa en la máxima
del batelero: observad el río.

Poema nº 72

Vivir así, retraído
en la vieja paradoja
entre el frío y el amor.
El erizo titubeante
dudando si arrancar púas,
temiendo distanciarse.
El viento sopla bien envanecido.

Poema nº 73

El viento araña la ventana
dejando una cita sin fecha
—cita inevitable, aleatoria—
con el fin de sus días.
Tan terrible, tan terrible.
No hay salvación en la tierra.

Poema nº 74

Existen noches blancas
en que no emanan palabras,
fuente largamente seca
deviene en pieza oxidada.
Desconfianza del vacío.

Poema nº 75

Antes de que caiga el pétalo
desprendido de la flor,
se desata un enorme
vendaval anticipatorio
de temores a la caída.

Poema nº 76

Comprar libros, más libros
antes del cierre de las librerías,
archivados por género,
columnas de lecturas pendientes
y no saber cuál escoger.
Extraña compulsión.

Poema nº 77

Para quien carece de ayuda
el espacio es desierto mudo,
el tiempo es triste indecisión,
la mente cuenco de temor.
Dice el proverbio japonés:
siete veces te caes, ocho te levantas.

Poema nº 78

Las plantas de la casa
florecen engañadas
por el clima trastornado.
Una tirada de dados trucados
contra el ritmo heredado.

Poema nº 79

Aprisa, subir la escalera
pensando en escribir,
pero las paredes se agitan,
la mano alcanza la puerta
antes de caer de rodillas.
La página sigue en blanco.

Poema nº 80

Temblor ante la sospecha
de una pausa provisional
de la contemplación
de los seres y las cosas.
Terrible incertidumbre
para la escritura.

Epílogo

Mi literatura está hecha de todo cuanto me rodea. Lo mismo pueden ser pescadores de playa, playas aisladas, vidas de escritores, recuerdos ínfimos de mis paseos solitarios. Todo cabe en un libro. Escribir es como pasear por la historia y por la biblioteca de la vida. Ambas realidades son una sola cosa para mí. Trato de vivir rodeado de las cosas que me gustan y considero natural incorporarlas a mi escritura. Todo forma parte de lo mismo. Escribir y vivir. Solo entiendo la escritura como reflejo de un mundo interior, privado. No me interesa el pasado por sí mismo sino por todo lo que puede aportar a la propia vida.

Yo empecé a escribir muy tarde, a los cuarenta años. Por cansancio. Por enfermedad. No sé decirle. Tuve una crisis importante. Y desde entonces escribo sin ningún tipo de ambición. Por una necesidad imperiosa de realizar un trabajo muy privado. Seguramente como un medio de defensa. El ejercicio de escribir, para mi sorpresa, se ha ido convirtiendo en algo cada vez más importante para mí. Creo que seguiré escribiendo hasta la muerte. He pasado toda mi vida dando clases y ya estoy cansado. La Universidad ya no es lo que era. Los escritores ya no estamos bien vistos en este Reino del Saber y de la Gran Burocracia. Por otro lado, la literatura exige todo mi tiempo. Mi idea es retirarme a escribir a una cabaña que tengo por algún lugar. Sin embargo, tampoco quiero depender de la literatura. He visto a muchos escritores malograrse por requerimientos de publicación. Es algo importante a tener en cuenta. No hay que depender económicamente de la literatura porque entonces se escriben cosas para los demás y no para uno mismo.

No concedo entrevistas. Tengo fama de huraño y reconozco serlo. No me gustan las lecturas públicas ni las presentaciones de libros. Suelo negarme a esta clase de eventos. Hago lo mínimo para poder sobrevivir como escritor frente a mi editor. Pero volviendo a lo que me decía, todas las razones son válidas para la escritura. O casi todas. Porque al parecer hoy en día todo el mundo puede escribir. La literatura se ha convertido en un gran supermercado.

Entrevista por Nuria Amat,
ABC Cultural.
30 de septiembre de 2000.

W. G. Sebald.
(Wertach, Baviera, 18 de mayo de 1944 - Norfolk, Reino Unido,
14 de diciembre de 2001).

Índice

Este libro se terminó de editar en Granada
en septiembre de 2024 por

www.aliarediciones.es
info@aliarediciones.es